MW00873905

This Accounting Journal belongs to:

_____

Published by Accountant Life Publishing

Date	Description	Ref	Debit	Credit	Balance

Date	Description	Ref	Debit	Credit	Balance

Date	Description	Ref	Debit	Credit	Balance

Date	Description	Ref	Debit	Credit	Balance

Date	Description	Ref	Debit	Credit	Balance

Date	Description	Ref	Debit	Credit	Balance

Date	Description	Ref	Debit	Credit	Balance

Date	Description	Ref	Debit	Credit	Balance

Date	Description	Ref	Debit	Credit	Balance

Date	Description	Ref	Debit	Credit	Balance

Date	Description	Ref	Debit	Credit	Balance

Date	Description	Ref	Debit	Credit	Balance

Date	Description	Ref	Debit	Credit	Balance

Date	Description	Ref	Debit	Credit	Balance

Date	Description	Ref	Debit	Credit	Balance

Date	Description	Ref	Debit	Credit	Balance

Date	Description	Ref	Debit	Credit	Balance

Date	Description	Ref	Debit	Credit	Balance

Date	Description	Ref	Debit	Credit	Balance

Date	Description	Ref	Debit	Credit	Balance

Date	Description	Ref	Debit	Credit	Balance

Date	Description	Ref	Debit	Credit	Balance

Date	Description	Ref	Debit	Credit	Balance

Date	Description	Ref	Debit	Credit	Balance

Date	Description	Ref	Debit	Credit	Balance

Date	Description	Ref	Debit	Credit	Balance

Date	Description	Ref	Debit	Credit	Balance

Date	Description	Ref	Debit	Credit	Balance

Date	Description	Ref	Debit	Credit	Balance

Date	Description	Ref	Debit	Credit	Balance

Date	Description	Ref	Debit	Credit	Balance

Date	Description	Ref	Debit	Credit	Balance

Date	Description	Ref	Debit	Credit	Balance

Date	Description	Ref	Debit	Credit	Balance

Date	Description	Ref	Debit	Credit	Balance

Date	Description	Ref	Debit	Credit	Balance

Date	Description	Ref	Debit	Credit	Balance

Date	Description	Ref	Debit	Credit	Balance

Date	Description	Ref	Debit	Credit	Balance

Date	Description	Ref	Debit	Credit	Balance

Date	Description	Ref	Debit	Credit	Balance

Date	Description	Ref	Debit	Credit	Balance

Date	Description	Ref	Debit	Credit	Balance

Date	Description	Ref	Debit	Credit	Balance

Date	Description	Ref	Debit	Credit	Balance

Date	Description	Ref	Debit	Credit	Balance

Date	Description	Ref	Debit	Credit	Balance

Date	Description	Ref	Debit	Credit	Balance

Date	Description	Ref	Debit	Credit	Balance

Date	Description	Ref	Debit	Credit	Balance

Date	Description	Ref	Debit	Credit	Balance

Date	Description	Ref	Debit	Credit	Balance

Date	Description	Ref	Debit	Credit	Balance

Date	Description	Ref	Debit	Credit	Balance

Date	Description	Ref	Debit	Credit	Balance

Date	Description	Ref	Debit	Credit	Balance

Date	Description	Ref	Debit	Credit	Balance

Date	Description	Ref	Debit	Credit	Balance

Date	Description	Ref	Debit	Credit	Balance

Date	Description	Ref	Debit	Credit	Balance

Date	Description	Ref	Debit	Credit	Balance

Date	Description	Ref	Debit	Credit	Balance

Date	Description	Ref	Debit	Credit	Balance

Date	Description	Ref	Debit	Credit	Balance

Date	Description	Ref	Debit	Credit	Balance

Date	Description	Ref	Debit	Credit	Balance

Date	Description	Ref	Debit	Credit	Balance

Date	Description	Ref	Debit	Credit	Balance

Date	Description	Ref	Debit	Credit	Balance

Date	Description	Ref	Debit	Credit	Balance

Date	Description	Ref	Debit	Credit	Balance

Date	Description	Ref	Debit	Credit	Balance
Date	Description	Ref	Debit	Credit	Balance

Date	Description	Ref	Debit	Credit	Balance

Date	Description	Ref	Debit	Credit	Balance

Date	Description	Ref	Debit	Credit	Balance

Date	Description	Ref	Debit	Credit	Balance

Date	Description	Ref	Debit	Credit	Balance

Date	Description	Ref	Debit	Credit	Balance

Date	Description	Ref	Debit	Credit	Balance

Date	Description	Ref	Debit	Credit	Balance

Date	Description	Ref	Debit	Credit	Balance

Date	Description	Ref	Debit	Credit	Balance

Date	Description	Ref	Debit	Credit	Balance

Date	Description	Ref	Debit	Credit	Balance

Date	Description	Ref	Debit	Credit	Balance

Date	Description	Ref	Debit	Credit	Balance

Date	Description	Ref	Debit	Credit	Balance

Date	Description	Ref	Debit	Credit	Balance

Date	Description	Ref	Debit	Credit	Balance

Date	Description	Ref	Debit	Credit	Balance

Date	Description	Ref	Debit	Credit	Balance
Date	Description	Ref	Debit	Credit	Balance

Date	Description	Ref	Debit	Credit	Balance

Date	Description	Ref	Debit	Credit	Balance

Date	Description	Ref	Debit	Credit	Balance

Date	Description	Ref	Debit	Credit	Balance

Date	Description	Ref	Debit	Credit	Balance

Date	Description	Ref	Debit	Credit	Balance

Date	Description	Ref	Debit	Credit	Balance

Date	Description	Ref	Debit	Credit	Balance

Date	Description	Ref	Debit	Credit	Balance

Time to reorder?

Scan the QR code with your phone to go directly to the Amazon product page.

Date	Description	Ref	Debit	Credit	Balance

Date	Description	Ref	Debit	Credit	Balance

Date	Description	Ref	Debit	Credit	Balance

Date	Description	Ref	Debit	Credit	Balance

Date	Description	Ref	Debit	Credit	Balance

Date	Description	Ref	Debit	Credit	Balance

Date	Description	Ref	Debit	Credit	Balance

Date	Description	Ref	Debit	Credit	Balance

Date	Description	Ref	Debit	Credit	Balance

Date	Description	Ref	Debit	Credit	Balance

Date	Description	Ref	Debit	Credit	Balance

Date	Description	Ref	Debit	Credit	Balance

Date	Description	Ref	Debit	Credit	Balance

Date	Description	Ref	Debit	Credit	Balance

Date	Description	Ref	Debit	Credit	Balance

Date	Description	Ref	Debit	Credit	Balance

Date	Description	Ref	Debit	Credit	Balance

Thank you!

Thank you for your purchase!

If you enjoyed this book, please consider leaving us a review on Amazon. It takes a minute and helps small businesses like ours.

SCAN ME

Made in the USA
Las Vegas, NV
02 March 2024